Sabine Lohf

Meine kleine Seh-Reise

Spannende Entdeckungen in der Natur

Ich gehe hinaus in die Natur. Ich sehe blühende Wiesen, Bäume den Himmel und die Sterne. Manchmal reicht eine winzige Idee und eine Blüte wird zur Prinzessin, Gras zu Indianern und ein Getreidefeld zu einem wogenden Meer. Die Seh-Reise beginnt. Beim Betrachten entstehen immer wieder neue Geschichten. Und weil jeder Betrachter seine ganz eigene Wahrnehmung hat, können die vielen spannenden Entdeckungen in der Natur auch immer wieder neu erzählt werden.

Ich sehe...

Gras

Viele Gräser sind eine Wiese.
Wenn du dich auf den Bauch legst
und in das geheimnisvolle Grün
schaust, siehst du vielleicht einen
kleinen Dschungel.

Oder ein Tipi aus Gras.
Tipis sind Indianerzelte.

Hilfe!!!
Grasindianer!

„Zum Glück
kenne ich
Häuptling
Grüner Zopf"

Ich reite mit „Grüner Zopf“ zu den Korkindianern.

Ich fahre mit ihnen im Kanu den Fluss hinunter.

Ich mache eine Abenteuer-Reise.

Ich sehe…

Der Löwenzahn lässt alle
Wiesen leuchten.
Das Gelb der Blüten lockt
die ersten Bienen an.

Die Blüten funkeln wie ..... ?

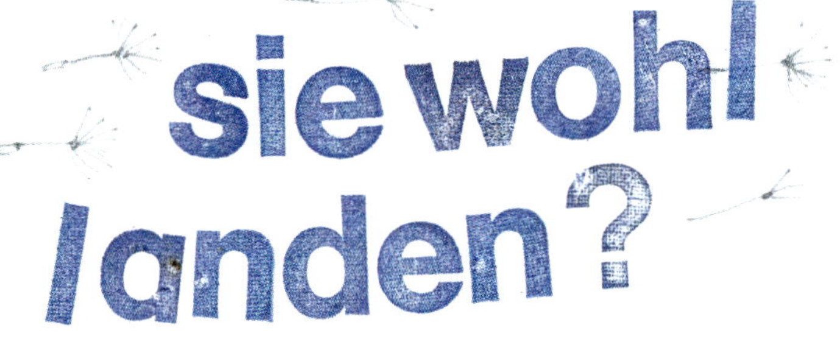

* es sind die Samenkörner vom Löwenzahn!

Ich sehe ...

... ein Gerstenfeld

Bei Wind wogt es wie ein...

Ich sehe ...

... Haare

und

... Insekten

Hokuspokus!
Das Korn wird gelb.
Ein Mon-ster
frisst es.
Und spuckt Stroh.

Ich sehe eine Puppe und ein Bett aus Stroh.

Rosa ist sehr froh,
denn sie hat
ein Bett aus echtem
Stroh!

Ich sehe Punkte

Im Sommer leuchten an den
Feldrändern viele rote Punkte.
Es sind Mohnblumen.
Die Blütenblätter sehen aus wie
rote Seide. So wie die Seide
von Königskleidern.

Die Königin fängt
an zu tanzen.
Und alle
Untertanen
tanzen mit.

Keine Angst, sie kommen im nächsten Jahr wieder.

Ich sehe ...

... einen See

... eine Seerose.

Wem gehört die Krone?

Psst! Die Seerosen-
prinzessin
schwimmt vorbei.

Ob sie den
Frosch
küsst?

Ich sehe...

... ein Herz,

... ein Herzblatt,

... einen Baum.

Viele Bäume sind ein Wald.

Ich gehe
in den
Wald.

Ich sehe... ...wilde Wald-Wesen.

? Ob Sie in der Burg wohnen?

Wo ist die *Hexe?*

Sie hat sich selbst verhext!

Ich sehe ...
... ein Feuer.
Der Kartoffel-
König
feiert ein
Fest.

Zu dem Fest kommen viele Freunde.

Ich
sehe ...

... Gold

Bäumchen
rüttel dich,
Bäumchen
schüttel dich!
Wirf Gold
und Silber
über mich!

Ich sehe...

... Schäfchenwolken

... Wattewolken

... einen Wattewolken-
Weihnachtsbart!

Ich sehe… …kleine Schnee-Monster

Sie lauern überall.

Die Eisprinzessin verzaubert Gräser und Bäume!

Ich sehe ...
... die
Schneekönigin.

Sie deckt
die Erde mit
einer weissen
Decke zu.
Gute Nacht!

Bibliografische Information der Deutschen Nationalbibliothek:
Die Deutsche Nationalbibliothek verzeichnet diese Publikation
in der Deutschen Nationalbibliografie;
detaillierte bibliografische Daten sind im Internet über
http://dnb.d-nb.de abrufbar.

1 2 3 4 14 13 12 11

Postfach 1860 · 88188 Ravensburg
Konzept, Illustration und Fotografie: Sabine Lohf
Redaktion: Sandra Schwarz · Printed in Germany
ISBN 978-3-473- 32410-1
www ravensburger.de